À quoi ça rime ?

Sinon s'arrimer au rocher malouin,
élément essentiel de ma jeunesse...

Désormais, de vagues souvenirs lointains
persistent, accrochés comme une caresse.

--Poésie--

2018

En silence une année s'évanouit,
Chez nous, l'astre se couche à l'horizon.
Le pseudo changement sonne à minuit,
Avec les amis au Réveillon.

Chantons juste à l'occasion des vœux.
Nos intentions sont toujours les bonnes.
Offrons-nous un excellent mousseux,
Une fleur à la main, une anémone.

Comme un éternel recommencement,
Nous saluons cette folle aventure,
Et ses merveilleux rebondissements.
Une devise : *Fluctuat nec mergitur.*

Il faut voir ce que l'on nous propose,
Chantait Souchon à propos du monde.
Que de la matière et pas grand-chose.
Lorsqu'elle est grise, ... elle est plus féconde.

Entendrons-nous des *Balance ton porc,*
L'abattoir jusqu'au porc d'Amsterdam ?
Oh Brel ! « Jetons-les par-dessus bord,
Toutes ces espèces de Padamalgam » !

Où les médias avides de cochonneries,
Exportent dans leurs colonnes infernales,
Une rivalité, une charcuterie,
La vulgarité de penser mâle.

Ensemble les poules féministes caquètent.
Les chiennes de garde vont sortir leurs crocs,
Leurs travers, pour pendre un homme, une bête,
Et posséder du fric à gogo !

Humoristes, à vous d'être crucifiés,
Sur la bannière de la Bien-pensance !
Les ennemis du rire se sont lâchés,
Le premier degré de décadence.

Il est lourd de supporter ces gens,
L'humour efface l'ennui, l'idéal !
Contrôler ses dires est affligeant,
Une femme qui sourit est un régal !

Faut-il dorénavant un contrat,
Pour éviter les malentendus ?
Et passer devant un magistrat ?
Que de questions, Que de temps perdu !

Élevons les débats authentiques,
L'union entre homme et femme est ténue.
Tenu à des rapports avant tout magiques,
Pas de combat, cela est convenu.

Tout aujourd'hui semble compliqué,
Atrophié. Nous manquons de souplesse,
Sans cesse, il nous faut tout expliquer.
L'autre est un défi, plein de promesses...

L'attirance nous pousse vers l'engagement.
S'aimer, partir pour se découvrir,
Ingénu, comme un balbutiement.
Un enfant qui va semer le rire.

Au gré des degrés, l'humour s'invite.
Le réchauffement climatique s'annonce,
C'est la chaleur, des mots qui gravitent.
La glace fond, pour toute réponse.

Vivre près du cœur de sa bien-aimée,
Vêtue de transparence et dentelles.
Veux-tu de mes passions enflammées,
Où poésie et pinceaux s'emmêlent ?

Des mots tendres viennent à l'esprit candide,
Les couleurs parsèment sa belle compagne.
L'Amour étoffe l'aventure splendide,
A vivre, pour déplacer des montagnes.

Inutile de déclarer la guerre,
Il suffit de déclarer sa flamme.
Le phare, le foyer brille comme repère,
La liaison entre un homme et une femme.

Entre nos mains se profile l'enfant.
Quoi de plus beau, ce cadeau du Ciel !
La destinée écrit son roman,
Au dos des générations plurielles.

Rêvons, d'un avenir merveilleux,
De l'émotion d'un mariage en liesse,
Le trouble manifeste des jours heureux,
Du prince charmant et sa princesse.

Tous mes vœux de bonheur pour l'année 2018 !
Jack

La terre et le soleil

La planète bleue perdue dans le firmament,
Danse en une ronde sans fin autour du soleil,
Tournera sans cesse jusqu'à son épuisement.
Pendant encore quelques millions d'années d'éveil.

D'un côté, un axe, une boule de feu magique,
De l'autre, des montagnes, des plaines et des océans.
Quel est ce lien immatériel qui s'applique ?
Cette distance, cette attirance entre deux Titans ?

Le jardin d'Éden où s'imprime cette harmonie,
Est ici-bas, là où l'entité choisit la vie,
Quelques bagages et une promesse d'Aventure.

En chemin, un homme et une femme en toute conscience
Se rencontrent comme deux énergies, deux expériences.
Pendant toute une vie durant, pour une quête future.
Jack

La femme et l'homme

Elle se manifeste comme la roche émerge des flots.
Il la contemple d'en-haut entièrement subjugué.
Elle est assise sirène ou Vénus d'un tableau.
Il découvre la beauté… vraiment intrigué.

Elle marche sur un volcan, les pieds nus dans la cendre.
Il cherche cette inconnue et la désire des yeux.
Elle l'attend et l'invite gentiment à descendre.
Il se pose, prêt à découvrir ce bien précieux.

Elle exhale un doux parfum qui emplit les sens.
Il est hypnotisé et conquis… il s'avance.
Elle ondule son corps et arrange ses cheveux.

Il l'embrasse, lui révèle les mystères du divin.
Elle ouvre son cœur en cette année 2020.
Un poème au-dessus des nuages, voici mes vœux !

Jack

2021

Vivre en 2021
Ou bien en 1938 ?
Dénominateur commun :
Une vision d'avenir réduite.

Je repense à Chamberlain,
Daladier et toute la clique,
Parlant de paix aux anciens,
Après l'accord de Munich.

Hitler réfléchit « arien »,
Étend l'empire germanique.
Punaises vertes ou acariens,
D'une épidémie tragique.

Comme la grippe après Verdun,
Un gros virus prend la fuite.
Désolé pas de vaccin.
Pour soigner, tout ça s'explique.

Ce jeune fléau microbien,
Devient apocalyptique.
Macron sinistre olympien,
Jure que tout ça est tragique.

Processus politicien,
Mais rien de scientifique !
Confinement pour citoyens,
Et masque idéologique.

Regardez Véran, Buzyn,
Et labos pharmaceutiques
Profiter de ce parfum,
Aux intérêts mirifiques.

Oui, le mot conflit convient,
Cette guerre n'est pas fortuite.
Un couvre-feu kafkaïen,
Une soumission authentique.

L'économie sans soutien,
Au bilan catastrophique,
S'aplatit au quotidien.
Enième faillite politique.

Quels sont mes vœux pour demain ?
Ecouter ce chant magique,
Être résistant, ange-gardien,
D'un réalisme poétique.

Jack

2022

Alors, que se souhaiter en ce mois de janvier ?
Se mettre tous à l'abri selon la Providence ?
Rester seul, prostré, sans rien avoir à envier ?
Ne pas réfléchir et clamer son innocence ?

La vie est belle, lorsque tu oses lever les yeux ,
Et relativiser les affres de l'obscurité.
Tu embrasses le spirituel et le mystérieux,
Tu accèdes à une grandeur d'âme : la Vérité.

Écoute petit homme, écoute palpiter ton cœur,
Apprends à parler et imposer ta parole.
Éloigne-toi des bruits confus de l'extérieur,
Sois attentif à la conception d'un symbole.

Marche d'un bon pas jusqu'à la croisée des chemins,
Quitte celui que tu connais, emprunte l'inconnu.
Refuse la médiocrité et prends-toi en main,
Découvre chez Toi, l'audace de l'enfant ingénu.

Un trésor existe, il suffit de suivre le fil,
Sois le maître de ton existence, de ton courage.
Une exquise respiration, un battement de cil,
Ta simple incarnation dure le temps d'un voyage.

Ton regard sera le mien comme une étincelle,
Un plaisir honnête digne d'un bonheur mirifique.
Un moment de Toi, une rencontre universelle,
L'Amour nu s'immerge dans l'océan pacifique.

Semer quelques graines pour un avenir meilleur,
Un corps se cristallise pour mieux vagabonder.
Il s'offre comme un bijou, pépite d'un orpailleur,
Douce réalité terrestre, promesse inondée.

De la vacuité du Ciel, une âme redescend,
Cet esprit lumineux témoigne de notre passage.
Cette énergie active notre corps indécent,
Une naissance pour de multiples apprentissages.

La terre est sacrée, nous connaissons son histoire,
A nous poètes libres de déclarer en l'Athénée.
Se connaître, chérir les mots en art divinatoire.
Recevez tous mes vœux en cette nouvelle année.

Jack

2025

Début janvier : une seule question :
Quels sont nos vœux de bonne année ?
Je vous soumets quelques suggestions,
    Sans nul doute déjà étrennées.

L'hiver est à la réflexion,
Ce que le doux printemps propose.
La sagesse d'une bonne connexion,
    Pour un avenir radieux s'impose.

Nous voguons sur le même bateau,
    Transpercé, prêt à chavirer.
Il transporte cirque et chapiteau,
    L'embarcation est mal barrée.

Balloté par incompétence,
Le capitaine n'en mène pas large.
Un futur gibier de potence,
    Un roi qui vit à notre charge.

Laissons mugir ces hurle-vents,
Larguons tous ces vils perroquets !
Ce sont des énarques trop souvent,
De sinistres grossiers paltoquets.

A force de louvoyer, miné,
L'équipage meurtri n'en peut plus.
La France s'échoue, encalminée,
Elle explore une planche de salut.

Regagnons le port le plus proche,
Réparons au mieux leur naufrage,
Et renflouons tout ce qui cloche.
Défions le réel avec courage !

Mon Dieu, quel tableau mille sabords !
Les *vapeurs* se sont estompées,
Hissons les *voiles*, virons de bord.
Notre barque fend l'eau comme une épée.

Abordons vite nos vrais problèmes,
Notre destin n'est jamais tracé.
Des vœux poussés à leur extrême...
Osons ce futur annoncé !

Bon vent à tous !

Jack

À fleur de peau

J'effleure de ma main la violette
Assise timide sur une palette.
La couleur rouge du camélia,
Esquisse le sourire de Julia.
Le langage des fleurs, d'une jacinthe,
S'articule après un verre d'absinthe.
Quelle sera la première des filles,
À qui j'offrirai ces jonquilles ?
J'ai aussi ce bouquet de primevères,
À celle qui m'offre son univers.
C'est le printemps et son muguet,
Y'a de la joie, Charles Trenet pagaie.
Lance sa chemise aux boutons d'or.
Dans son jardin, tout'le monde l'adore !
Dans la mare, un reflet d'œdipe
Éclaire les robes de nos tulipes.
L'hiver, au profit des narcisses,
A disparu dans les abysses.
Je devine d'ici tes pensées,
Légères lumineuses et sensées.
Je sens dans tes yeux les délices,
Du peintre amoureux des iris.
Le soleil caresse, et s'apprête,
À enjoliver les pâquerettes.
À moins qu'ce soit des pissenlits,
C'est sûr, elle m'offrira son lit !
Jack

Après la pluie, le soleil

De gros nuages noirs menaçants,
S'évaporent doucement du Ciel ;
Place au plaisir tout puissant,
D'un soleil providentiel.
Une crique ocre bien à propos,
M'invite à me laisser choir ;
Prendre une serviette, du repos,
Quitter mes pleurs, mes mouchoirs.
Au doigt une bague bleue saphir,
Une belle alliance éternelle ;
La douceur d'un simple zéphyr,
Sur mon âme originelle.
Un océan de bonheur,
Envahit toutes mes pensées,
Cet homme est mon protecteur,
Un archange m'a embrassé.
J'aime cette profonde inaction,
Respirer l'instant présent,
Un cadeau, une intention,
Souffle sur un cœur apaisant.
Toutes mes amies lorgnent ma chance,
Elles oublient les lettres d'amour,
Le temps et sa concordance,
Le chemin, jusqu'à ce jour.
Bref, je respire ces instants,
D'une félicité extrême,
En deux mots réconfortant,
Timide, il m'a dit: *Je t'aime.*
Jack

Arc en ciel

Rêver notre vie tout en couleur
Le secret d'un parfait bonheur
Le **rouge** et le **noir** de Stendhal
Rouge militaire, **noir** clérical.
Le **bleu** de la mer me chavire
Un ciré **jaune** sur un navire.
Un lingot d'**or** dort à la banque
Tout l'**argent** placé dans une planque
Un verre de Beaujolais **vermeil**
Un vin **blanc** Muscat en sommeil.
L'herbe est plus **verte** chez la voisine
La robe **turquoise** de ma cousine
Le canna **orange** anodin
Et **violette** parsèment mon jardin
Une belle teinture **indigo**
Flatte la couleur **rose** de l'ego
Ma palette offre cet éclairage
Le primaire d'un badigeonnage.

Jack

À l'armée

Il existe des barreaux qui peuvent se briser,
Mais ceux-là sont furieusement inébranlables.
Les rayons de soleil passent entre, filtrés,
L'ombre se projetant à terre est coupable.

Coupable de s'octroyer, de disposer de vies,
Et cela pendant un an : une éternité.
Je me suis arrêté, j'ai vu et réfléchi,
Je me suis dit : Pourquoi ? Réponse : l'Armée !

Une lourde administration hiérarchique
Pesante, coincée, difficilement manœuvrable.
Elle devrait être un exemple magnifique,
Elle n'est autre qu'une entité incapable.

Accroché à l'entrée de la caserne,
J'imagine un panneau où serait inscrit :
« *Ici on ne pense pas, on pense pour Vous !* »
Quel choc ! On se sent très vite incompris.
Celui qui conteste est envoyé au « trou ».
Le cadre est couleur kaki, triste, terne.

Paraît-il que notre armée a évolué ?
Mais dit adieu à toute personnalité !

Toutes les violences physiques abolies, c'est normal !
Mais on les supplante par une violence morale.

Par exemple : ici le quotidien se vit,
Dans la béate ignorance du lendemain.
Aucune certitude, ni objectif de vie,
Une politique de peur où tout se craint.

Le gradé : le bourreau obsessionnel,
Ne fait que répéter et faire attendre.
Annihiler les réactions du rebelle !
L'homicide une tentation s'y engendre.

Assez critiqué, on est antimilitariste,
Ou bien on ne l'est pas, encore cent jours,
A être soldat, je suis sur la bonne piste.
J'en ai profité, je l'avoue sans détour !

Jack

Jules Verne

Au fil de l'eau où s'écoule ma jeunesse,
Un fleuve de souvenirs me surprend.
Vingt-huit ponts enjambent la Venise de l'Ouest,
La Loire est la cause de tous ces tourments.

Mes parents m'accueillent inondés de joie,
Le huit février dix-huit cent vingt-huit.
Sur cette île Feydeau, je deviens le roi,
Mon aventure nantaise viendra ensuite.

Par la fenêtre un défilé de bateaux
Remonte l'Erdre, la plus belle rivière de France.
Des jardins se baignent au pied des châteaux,
Où quelques belles rivalisent d'élégance.

Dès 6 ans, je suis placé en pension,
Mr Puy enseigne la géographie.
Il illustre la Loire en pleine immersion,
Le tableau noir est sous le crucifix.

Entre l'homme et le fleuve de belles bagarres,
Les crues y sont destructrices des ouvrages.
Les mariniers naviguent sur leur gabarre,
Évitent les bancs de sable lors du voyage.

Par ma fenêtre, j'y observe des navires,
Ceux qui affrontent l'inconnu, l'océan.
Un jour, je partirai les découvrir,
Harponner des monstres marins géants.

Tout en haut de la butte de l'Hermitage,
Je domine le port, le quai de la Fosse.
Quelle agitation sur le bastingage !
Ils portent de lourdes charges les colosses.

Je voyage au gré de mes expériences.
Quel sera mon but, ma destination ?
Je m'appuie sur les progrès de la science.
J'écris des romans fleuves d'anticipation.

Jack

Au printemps de ma vie

A quel âge commencent les années jeunesse ?
Un âge annonçant mon autonomie ?
Lorsque je quitte la main et la tendresse,
J'ai 13 ans et mon esprit s'affermit.

Après un sommeil engourdi d'hiver,
Le printemps frappe enfin à ma fenêtre.
Mon corps pousse à partir au diable Vauvert.
J'ose au confessionnal juger un prêtre.

La grâce de naviguer dans l'insouciance,
Délesté de toutes prodigues influences.
J'aspire, libre, à vivre des échappées belles.

La curiosité m'ouvre des horizons,
La promesse d'univers, d'une floraison.
J'affirme sobrement devenir rebelle.

Le professeur d'école sur son perchoir,
Répète comme un perroquet, triste fortune.
Des fusées blanches se dessinent de mémoire.
J'imagine déjà une marche sur la lune.

Rêver béat la comédie humaine,
Où citations latines viennent à la rescousse.
La fleur de pissenlit disperse ses graines,
J'en apprends davantage dans le Larousse.

Viens le temps de semer de belles conquêtes.
Une douce hirondelle expose ses toilettes.
J'apprécie cette fille sentant la vanille.

Une jonquille s'ouvre parfumée d'émotion,
Heureux flirt d'une insolente vibration.
J'aime ce voyage printanier qui frétille !

Jack

Bateau sur l'eau

Sur les rives silencieuses, impassibles,
Besognaient les chevaux des haleurs.
Lentement la péniche suit sa cible,
Au détour du canal et des couleurs.

Nombreuses, les familles servent d'équipage,
Le blocus a du bon contre les anglais.
La Bretagne revit loin des tapages,
Voguer seul sur l'Erdre où je voulais.

L'océan, agité des marées,
Berce dolente la barcasse de l'enfant.
Qui s'imagine sur les ondes démarrées,
Satisfaire des plaisirs triomphants.

Descendue vers les ports maritimes,
L'unique cargaison émerge des flots.
Mousses et capitaine sont les victimes,
Et s'orientent à la bougie des falots.

Jack

François-René de Chateaubriand

Un voyage exalté direction Combourg.
L'embarcation est pleine au coup de l'horloge.
Le quai est bardé de notables de la Cour.
L'un deux failli tomber à cause de sa toge.

Juste le temps de sentir le large, la brise,
Les rames frappent en cadence et se soulèvent.
Sur la proue, un banc, une jolie marquise.
On échoue à « Pas-ramé » sur la grève.

Un cocher vêtu d'une vaste houppelande,
Nous aborde d'un ton plutôt goguenard.
Peu après, la calèche s'élance dans la lande,
Et nous conduit au sein du peuple campagnard.

A travers de grands arbres, le château enfin,
Découvre la rigidité de son tracé.
Le lac, abreuve les pensées de l'écrivain.
Sur la berge, des oiseaux se feront chasser.

Nul doute, Chateaubriand ira à la gloire.
Curieux, il voyage déjà en Amérique.
Un de ses chefs d'œuvres seront ses mémoires,
Son influence sur le mouvement romantique.

La liberté est la fille du christianisme,
Et non la putain de la Révolution.
La Morale est supérieure au paganisme,
Le grand Bey est sa dernière destination.
Jack

Chemin faisant...

Un jour ou l'autre nous prenons conscience,
De la brièveté de notre existence.
Nous sommes tous nés d'un rêve, du grand Amour,
D'une femme, d'un homme à la tombée d'un jour.

Descendus d'en-haut, *chemin* faisant,
Oubliant même d'où nous sommes venus.
Adresse inconnue, nous verrons demain !
Deux mains s'ouvrent et reçoivent une caresse.

Cet ange, candide, cette perle de noblesse,
S'offre à ses parents remplis de tendresse.
Nous sommes trois, quelle connivence entre nous,
Et que de ressemblances, c'est un peu fou.

Le passage n'est plus qu'un long souvenir,
L'enfant des étoiles est bien invité.
Il découvre ici-bas son avenir,
Un *chemin* de terre à expérimenter.

Il marche à quatre pattes au ras du sol,
Découvre la vie, se lève et dégringole.
Quel courage ! L'enfant se lève insouciant,
Les premiers pas sont toujours balbutiants.

A la une des journaux, en première page,
Sage, comme un enfant, un peu dans la lune,
Il réalise qu'il doit suivre son *chemin*,
Maintes fois, son empreinte se précise.

L'enfant découvre et part à l'aventure,
S'élance follement, s'enfonce dans la nature.
Sur la dune, ses cheveux longs fouettent le vent,
L'espoir est en lui, libre comme il l'entend.

Au *croisement*, lascive, une jeune fille l'attend,
Cet amour le met dans tous ses états.
Il sourit, car voici venu le temps,
Où cette belle femme se jette dans ses bras.

La nuit recouvre les draps pour seul décor,
Les amoureux s'ébattent au corps à corps.
Effusion fatale ! Complices et coquins,
La fusion est totale, ils ne font qu'un.

Une étoile filante, un vœu projeté,
Une piste se forme vers la *voie* lactée.
La reine de Saba brille telle une déesse,
Et lui, rayonne, empreint de sagesse.

Rêver et partir vers un monde meilleur,
Subtilement oser prendre de la hauteur.
Le maître hisse au plus haut l'élève,
Le second degré de l'humour soulève.

Au sommet du mont, brille le soleil.
Rester en bas englué de matière,
Est un choix, mais je le déconseille.
Suivons ensemble le rayon de lumière !

La quête de soi nous ouvre des dimensions,
Un espace vers notre compréhension.
Pourquoi s'incarner sur cette terre ?
Sinon être ; une conscience salutaire.

Rechercher la *Voie* du juste milieu,
C'est dire adieu aux extrêmes, aux clichés.
La personne croisée est un miroir,
Se voir soi, réellement sans couronne.

Avec du recul, un autre regard,
Ce qui arrive, est juste. Rien n'est hasard.
Rien n'est sérieux, tout est comédie,
Au dernier acte, nous serons applaudis.

Le but dans la vie, c'est suivre sa *voie,*
Voir au-delà des apparences brutes.
Si rire de tout est un précieux bagage,
Le gage de réussite est d'y souscrire.

Jack

Daniel

Nous nous sommes connus naguère au Qi Gong,
Entre nous, un lien indéfectible se tisse.
Nous deux, étions sur la même longueur d'onde,
A partager un désir de Justice.

Quand je dis : nous deux, Françoise n'est pas loin,
Car avec Anne, elles pratiquent le yoga.
Nos belles duchesses sont de précieux conjoints,
Nos Alpha et nos fidèles Oméga.

Suite à l'échange d'un mail électronique,
J'ai souvent droit à une mûre réflexion.
Entre l'ésotérique et la politique,
S'affirment pacifiquement nos convictions.

A l'école des abeilles nous butinons,
Apprendre de nos fifilles à être « happy ».
Tu nous parles de foot et de dérision,
Croisière et thalassothérapie.

Tu nous rassembles pour tes 80 ans,
Le charmeur invite tous ses amis.
Un grand restaurant baulois très plaisant,
Associant : danses, chants et gastronomie.

Hier soir , je te demandais un signe.
Alors… je revis une relaxation…
Le nom d'un galion espagnol se souligne :
Amistad : l'amitié… : Notre affection.
Au revoir le rocker, Le rocker au bon cœur !

Des rimes écrites

La vérité nous évite
Gravée sur le granite
La vieillesse s'invite
Comme un satellite
Nous vivons en transit
Loin des sphères spirites
Les anciens nous quittent
Ensuite, ils ressuscitent
Pour une bonne conduite
Un passage, un rite
Je dois faire vite
Viens avec moi, petite
Des années 1968
Pour une agréable visite
Je t'offre le gîte
L'amour m'habite
Tout ça m'excite
Le feu crépite
Je caresse une pépite
Le bonheur nous profite
Tu t'appelles Brigitte
Tu es instruite
Je te mérite
Et je m'en félicite
Tout de suite
Quelle réussite !

Jack

Désir

Le printemps des poètes sous le signe du désir,
M'invite à chanter « *My Daisy* » de Aznavour.
Des îles désirables, des alcools source de plaisir,
Pour des amants vivants des moments de bravoure.

Des amours anonymes désobéissent au ciel,
Désormais raffinés, ils remettent tout en cause.
Désarmants, libres pour une union providentielle,
Ils scellent en vérité des attentions grandioses.

Deux intimes innocents respirent sur un beau nuage,
Ils s'aiment dès à présent comme un défi intense.
Des horizons futurs envisagent un mariage,
Ils s'imaginent, désinvoltes, nouvelle existence.

Sur la plage, nos deux hirondelles déshydratées,
S'enivrent de baisers volés et se désaltèrent.
A proximité, des regards désappointés,
Jugent désespérés ce commerce de l'adultère.

Il est fâcheux que des aliénés du bonheur,
Encouragent des réunions déshumanisées.
Ces désagréables aveugles amputés du cœur,
Promènent des index pointés non autorisés.

Depuis des années-lumière l'humanité brille,
Du feu ardent des étoiles montantes infinies.
Mais quelques désastres s'accumulent derrière les grilles
Quand les desiderata plongent dans l'agonie.

Lancer des vœux en l'air, des intrigues illisibles,
Lève, dans une relation, des passions désolées.
Le désir devient la cause de problèmes nuisibles.
Des instants de bonheur méritent d'être consolés.

Jack

Dévorée des yeux.

Où êtes-vous chasseur-cueilleur,
Le descendant de Cro-Magnon ?
Votre joie pousse comme un champignon.
Pas de mets, rien que du bonheur.

Si, un banquet a lieu chaque jour,
Tous les goûts sont dans la nature.
Plat en sauce avec garniture,
Une simple recette comble votre amour.

Le sens développé des papilles
Alimente le corps et l'esprit.
Plaisir éphémère service compris,
Bocuse exerce en centre-ville.

Votre foyer avide de justice
S'adresse aux dieux, la manne céleste.
Dresse une table, une cuisine digeste,
Un bon palais, une simple bâtisse.

Avoir un bon coup de fourchette,
Comme un ogre avide de viande fraîche
Nourrit votre inconscient revêche
Et comble un grand vide, votre cachette...

La pièce montée, ébauche d'une œuvre,
Moisson d'élégance raffinée
S'écroule d'une descente ravinée.
Faut-il avaler des couleuvres ?

Partager ensemble un festin,
L'envie sensuelle de se sustenter.
Une fringale de félicité,
Au-delà d'un menu fretin.

Goûter l'existence ressentie,
Et partager un doux baiser,
Plutôt qu'un repas avisé.
Le bonheur ouvre nos appétits !

Jack

L'ébriété divine d'un choix

Les passés de ces temps trop courts,
Qui flirtent d'une douce adolescence,
Ont fait surgir précieux amour.
Quête absolue d'une quintessence,
De vagues souvenirs d'un rivage,
Entre des falaises escarpées,
Nos pas s'inscrivent sur une plage
Un été balbutiant, frappé...
Au seul salut en cette jeune fille.
Subjugué par tant de beauté,
Mes yeux écarquillés scintillent.
Comment puis-je y résister ?
Frêle, utilisant son charme,
Elle attend gentille mes caresses.
Submergé, je dépose les armes,
Troublé du sentiment d'ivresse,
Car mon cœur épuisé vacille.
Demain, quel sera notre chemin ?
Celui aux aveux trop faciles,
Ou bien fuir un verre à la main ?

Jack

Élise

En ce jour faste, tu es venue,
Tu as ouvert le portillon,
Nous te souhaitons la bienvenue,
Gentil petit oisillon.

Ton lit est bien douillet,
Exactement sous le soleil.
La journée du 28 juillet,
Résonne comme une petite merveille.

L'énergie d'une lionne se présage,
Tu découvres Emma, ta grande sœur.
Un sourire sur un doux visage,
Elle est du signe taureau farceur.

La famille c'est une belle maman,
Elle est prénommée Anne-Sophie.
Benoit son plus fidèle amant,
Se berce dans la philosophie.

Ton berceau s'arrime à Plœmel,
Pour t'accueillir comme une fleur.
Dans ce nouveau monde temporel,
Ton choix : Des parents bricoleurs.

Une grande bouche, des billes malicieuses,
L'escaladeuse se réalise.
Une belle petite fille audacieuse,
Taquine, elle se prénomme: **Élise.**

Elle

Elle s'habille du joyeux reflet d'un jour,
Son corps harmonieux profile ses contours.
Une jupe écarlate coiffée d'un corsage
Réjouit secrètement le cœur à l'ouvrage.

Un fin collier de perles habille son cou,
Ses longs cheveux emportent un rendez-vous.
Elle maquille sa pensée en accessoires,
Ses yeux limpides se surlignent de noir.

Par tous les temps, son sourire d'experte
S'ouvre sensuellement sur une bouche entre ouverte.
Elle enjolive et dissout les conflits,
S'offre nue en ouvrant les draps de son lit.

Quelle grâce innée dans les courbes de son corps !
Lascive, elle pose nue, genèse d'un trésor.
Elle attend le regard d'être admirée,
Être l'unique gardienne de son temple sacré.

Quoi de plus troublant la découverte d'une femme,
Lorsqu'elle resplendit, jeune, sûre de son charme.
Elle tourne sur elle-même comme pour s'étourdir
S'envole, danse, provoque un léger Zéphyr.

Le cœur d'une dame lavé de tout soupçon,
Dévoile le début d'une belle chanson.
Elle embrasse la vie, scène improvisée,
Toutes les princesses attendent un doux baiser.

Naïve, pour croire aux paroles merveilleuses,
Reproduire des histoires miraculeuses...
Elle semble chétive, fragile en apparence,
Mais malgré ses peurs beaucoup d'assurance !

Parfois, elle manifeste ses impatiences
Comme militante aguerrie criant vengeance.
Elle devient exigeante, féline, sauvage,
L'innocente victime dénonce l'esclavage.

La tempête s'apaise et délivre l'armure,
Muse, signe d'un printemps, destin d'un murmure.
Elle habite Pornichet sur notre presqu'île.
J'aime vivre à tes côtés, ma tendre rebelle.

Jack

Que de liens

Hello, héler quel en est le lien ?
Un taxidermiste ou une belle ?
Il aime le dilemme cornélien.
Elle, la cocue file de la dentelle.
Elle joue mais a une dent contre lui
Car joufflu, ce type n'est pas fidèle.
Elle a du chien, de belles cuisses aussi.
Il devrait déguerpir à tire d'aile...
Adèle oisive est captive en cage,
Tandis que Lui est libre de tous liens,
Et s'abandonne à l'esprit volage.
Hélas, elle ne peut suivre son Julien.
L'enfer emprunte aussi son chemin,
Malgré Hell, pavé d'incertitudes.
Lasse, elle attend sûrement demain.
Sa main la caresse par habitude.
Quel est donc son opiniâtre dessein ?
Sachant qu'un matelot sur son île,
Prend toujours le large au raz de Sein,
Et la prend pour un plaisir futile.

Naguère, son grand père a pris la mer,
Pour se battre contre les éléments.
Le saut inconnu vers l'Angleterre.
L'appel lancé contre les allemands.
Les bretons rejoignent le général.
De Gaulle est le phare dans la tourmente.
Le grand Charles coupe le lien ombilical,
La France naît libre, le 18 juin quarante.

BBC, Dans leurs studios une voix :
« Ici Londres, les français parlent aux français »
Têtu, il touche des alliés de choix :
Des fous résistants et le succès.

Julien doit choisir Sénan ou Oui ?
Renoncer à cette belle relation...
Mais peut-être, le mariage le séduit ?
Superbe alliance pour sa filiation.
Elle rêve, bague au doigt et robe blanche,
Comme un espoir secret, pouce tendu.
Un fruit onirique entre ses hanches,
Plaisir de son jardin défendu.
Lui sur son île et Elle sous son aile.
La belle séduit cet oiseau fragile.
La bête évanouit son côté rebelle.
Ils dorment ensemble, ainsi soient-ils !

Jack

Grâce au ciel

Je vais recoudre le soleil,
Qui embrase la liberté,
Suite à un trop long sommeil,
De l'hiver au doux été.

Les pieux fidèles s'agglomèrent,
Au pied de la cathédrale.
Un lampion pour la bonne Mère,
Chanter en un latin bancal.

Prier, Marie pleine de grâce,
En procession sur les remparts.
En contre-bas sur la place,
Un 15 août : curieux départ...

Avec ferveur le peuple chante,
Un Laudate Mariam.
La vierge nichée consentante,
Assiste à sauver nos âmes.

Des bougies flottent dans le noir,
Comme sur un navire égaré.
Perdu où tout porte à croire,
Une espérance éclairée.

Jack

Gracias a la vida

Édifier des châteaux de sable,
Que la mer va effacer, envahir,
Et pourtant comme un pauvre diable,
Je reste fier comme un menhir.

Pêle-mêle, je pioche des sensations,
Où je ne garde que le meilleur.
Aventures et initiations,
A découvrir toujours ailleurs.

Vient le temps de quitter l'enfance,
Être gentil et rester coi.
Programmer son obsolescence,
Pour en affronter les pourquoi.

Au cœur de mon adolescence,
Au plus profond de mes souvenirs,
S'ouvrent les images de l'innocence,
Des instants pour me rajeunir.

Sur l'océan de mes idées,
Généralement pacifiques,
Les illusions vont saborder,
Les méandres de la politique.

Cheveux longs et barbes naissantes,
Où s'implantent de forts idéaux.
A la fin des années soixante,
Se débattent faucilles et marteaux.

Au cœur de mon adolescence,
Au plus profond de mes souvenirs,
S'ouvrent les images de l'innocence,
Des instants pour me rajeunir.

La musique durcit les croyances.
Lennon imagine un autre monde.
Brel chante des actes de résistance.
Ferré absout et nous dévergonde.

Mes héros se gravent sur des vinyles,
Ils me chantent des tubes en anglais :
Un présent, un cadeau fragile.
Mettre au ban Brassens, s'il vous plait !

Au cœur de mon adolescence,
Au plus profond de mes souvenirs,
S'ouvrent les images de l'innocence,
Des instants pour me rajeunir.

Et puis, c'est le temps des 4 ailes,
En finir de la bagatelle,
Revenir brusquement au réel,
Approcher une belle rebelle.

Mon cœur s'ouvre à l'inconnu,
La tendresse comme seul bagage.
Et son corps faussement ingénu,
S'exprime par un doux effeuillage

Au cœur de mon adolescence,
Au plus profond de mes souvenirs,
S'ouvrent les images de l'innocence,
Des instants pour me rajeunir.

Les plages blanches de l'agenda,
Découvrent un joli coquillage.
Je crie : *Gracias a la vida.*
Mon amour m'invite au mariage.

Trois beaux enfants blonds aux yeux bleus,
Les couleurs de la liberté.
Le ciel réclame à vivre heureux,
Un chemin pour l'éternité.

- - - -

Au bord extrême de l'existence,
Tout retourné par le passé
Vous devinez à quoi je pense ?
Quitter le port pour traverser.

Jack

Le grand Amour

Il regarde d'en-haut le jardin d'Éden.
Elle marche sur la terre où coule une fontaine.
Il découvre cette déesse incarnée.
Elle chante la vie aux oiseaux étonnés.

Il ose troubler cette belle inconnue.
Elle, d'un sourire, lui souhaite la bienvenue.
Il s'approche ébloui par son visage.
Elle l'invite tendrement comme un mirage.

Il pose sa main, tremblante sur ses cheveux.
Elle le rassure de ses yeux affectueux.
Il s'enivre de son parfum séduisant.

Elle lui demande gentiment d'où il vient ?
Il lui montre le ciel comme unique lien.
Elle accueille, heureuse, cet esprit plaisant.

Il s'émerveille, son cœur hypnotisé.
Elle le charme et désire l'apprivoiser.
Il respire la liberté, fier, chasseur.
Elle brille de mille feux et parle en douceur.

Il rêve de la protéger toute sa vie.
Elle se blottit entre ses bras, ravie.
Il rayonne comme le soleil au solstice.
Elle le reçoit offerte en calice.

Il offre son âme, son feu et sa bravoure.
Elle l'embrasse préalable à leur Amour.
Ensemble ils échangent leur fruit enflammé.

Il se dresse vertical en phare sublime.
Elle l'initie aux caresses, plaisir ultime.
Ensemble une autre étoile va s'allumer...

Jack

Poème parfumé

Issu de la famille Guerlain,
Moi, Jean Paul le puîné,
Je n'ai pas attendu la St Glinglin,
Pour développer mon nez.

De toutes les fleurs odorantes,
J'ai jeté mon dévolu,
Sur une jonquille épatante,
Dans un livre, je l'ai lu.

Elle exhale l'arôme d'une femme,
Elle attire mon attention,
Elle symbolise la grandeur d'âme,
Plein soleil est son exposition.

Les heureux jardiniers de Grasse,
Me livrent leur quintessence,
Je leur offre la meilleure place,
A la « boutique » où tout commence !

Jack

Victor Hugo

L'écrivain face aux éléments
Seul, respirait longuement.
L'inspiration lui soufflait des idées
L'idéal républicain déferlait sur la jetée.

Sous les cieux le génie déclame
Un peu de vague à l'âme
Écarté, blessé, il vocifère
Il y a du Hugo dans l'air.

Loin de sa mère patrie
Il attend son heure à Paris.
A t'il raison, a t'il tort ?
Il décrit un V, comme Victor.

Pour sa fille, une mademoiselle
Il lui offre une rime, des ailes.
Mais Léopoldine ne fera plus causette
Noyée, son père en perd la tête.

Sur son île, il était parti
L'exil de toute une vie.
Ah, ce misérable Napoléon !
Son dernier refuge, sera le Panthéon…

Jack

Histoire en péril

Notre Napoléon se frotte le nombril.
Il débarque en Égypte, remonte le Nil.
« Du haut de cette pyramide, quatre mille ans
Nous contemplent ». Il instille le p'tit Titan !

Les ottomans ont volé le calcaire,
Le parement de pierres, pour construire Le Caire.

Cinquante degrés à l'ombre et tout vacille.
Au secours ! Quel dieu agite cette faucille ?
Mes tempes suintent, se pétrissent dans ce fournil,
Le dieu Horus se présente de profil.

Nelson coule nos bateaux, baie d'Aboukir.
Mon Dieu, comment espérer repartir ?

Je tourne de l'œil et ferme les écoutilles
A midi, ce mauvais soleil scintille.
Pitié, cherchez de l'opium dans cette ville !
Je désire mourir, laissez-moi tranquille !

Les troupes françaises décèdent du choléra,
Vite ! Une retraite, nous sommes faits comme des rats !

J'espérais revoir St Malo en l'Isle,
Sa grève et ses remparts, plaisirs futiles.
La fièvre découvre la grille d'une porte en or.
Un de mes ancêtres brille comme un trésor.

Ça *empire*, où est le bout du tunnel ?
Je suis prêt à rencontrer l'éternel.

Dix ans après la prise de la Bastille,
Lasse, ma vie s'écroule comme un jeu de quilles.
Comme le sphinx, ensablez-moi ce 13 avril.
Je vais suivre la lumière. Ainsi soit-il !

Jack

IEL

Aux enfants pourris, gâtés,
Boursouflés de confusions,
Le Wokisme s'est rajouté.
Oh, la sinistre intrusion !

Désirs et caprices nous gonflent.
Importation américaine,
Où Coca-cola triomphe,
Ainsi que les frites McCain.

Nos États Providence,
Anéantissent nos libertés,
Sans se soucier des conséquences,
Sur notre belle humanité.

J'en implore encore le ciel,
Un cadre fixe, une ossature,
Une conception substantielle,
Loin de toutes ces dictatures.

Le genre fait révolution.
Des non-binaires tournent mal.
Enfants perdus d'une fiction,
Sans un repère vertical.

Non à l'ego superficiel,
À cette fuite, ce changement d'aire.
La folie du pronom IEL,
Neutre, empoisonnera notre air !

Pollution sur nos marmots,
Comme la promesse d'un contrat.
L'invention douteuse d'un mot,
Et le système adviendra...

Jack

La poésie ?
Voici une question cruelle,
A définir rapidement.
Mes bons mots se font la belle,
Je n'en demandais pas tant !
Oserais-je les vieux souvenirs,
De mes poèmes amoureux ?
Afin de rêver, d'éblouir,
Un roman trop sérieux.
Entre hier et aujourd'hui,
Les mots frissonnent encore.
C'est cela la poésie,
Partir vers d'autres décors !
Jack

JB Poquelin

Un duo c'est très peu, 400 ans c'est beaucoup.
Chut ! Voici que j'entends 9 coups brefs et trois coups...
Le brigadier est frappé comme sur une enclume,
Le thème se joue entre deux virtuoses de la plume.
L'essentiel est de donner l'art de la réplique,
Il me faut revisiter quelques œuvres classiques.
La commedia dell'arte : théâtre italien,
Corneille, le dramaturge, aux dilemmes cornéliens.
Sous un parfum de scandales, de farces singulières,
L'illustre comédien se produit, voici : Molière.
Ces deux acteurs éblouissants éclipsent Racine,
Qui s'implante dans la tragédie comme une glycine.
Alors, qui choisir entre Corneille ou Poquelin ?
A mon humble avis: l'un pour l'autre, ils sont félins...
La corneille noire se nourrit de cadavres exquis,
Tandis que Molière ridiculise les marquis.
Au désespoir, quitter Pierre, son célèbre Horace,
Bâiller aux corneilles, tranquille, loin de toutes menaces.
Endossons le costume aux nombreux effets de manche,
Avec Molière, nous avons du pain sur la planche.
Il mesure l'hypocrisie entre propos et actes,
Sa finesse déclenche le rire bien avant l'entracte.

Chef d'œuvre en entrée, chapeau bas sur les tréteaux,
Crime de lèse-majesté : cerise sur le gâteau !
Un personnage maladroit, attend que l'on dîne,
Fat et ridicule, son embonpoint se dandine.
Le bourgeois gentilhomme s'appelle : Mr Jourdain.
Jean Baptiste prophétise sur les bords du dédain ...
Molière tourne en ridicule les travers humains,
Il reprend le théâtre des Grecs et des romains.
Naguère à l'école en classe de lettres et latin,
Fier, je jouais le rôle du trois fois sots : Trissotin.
Face à moi, trois potes déguisés en femmes savantes,
Au salon, une cour se pâme, une scène... trépidante...
Molière provoque les doctes et académiciens,
Depuis, je fais de même... plus les politiciens !
Ausculter l'impudence de ces puissants saigneurs,
Railler ces faux dévots et leurs légions d'honneur.
Rue Jules Mansart, Louis XIV attend son cadeau.
Devenir acteur, le temps d'un lever de rideau !

Jack

Mr Jourdain,

S'il vous plaît, Ô mes chers amis,
Car moi-même j'en suis surpris.
Croyez-moi, depuis des années,
Je me suis fait bêtement berné.

Chez moi ici, on me propose,
D'éviter les vers pour la prose.
Mon maître à penser est formel,
La prose en soi est immortelle.

Je la possède donc certainement !
La Cour du roi assurément,
En sera toute émerveillée.
Louis en sera agenouillé.

J'ai hâte vraiment de le séduire,
Doté de cette prose à reluire.
Je suis point « avare » de bons mots,
Car monsieur Jourdain n'est point sot !

Grâce à mon très riche pécule,
Je ferais honte aux « ridicules ».
Ma plaidoirie, source de désir,
Se transformera en plaisir.

Le rythme de mes rimes m'abreuve,
Légèrement, je traverse le fleuve.
Même si les mots recherchés tanguent,
J'use le français, une si belle langue…
Jack

Kundalini yoga

Anne resplendit comme une étoile.
Le cours de yoga se dévoile.
Beaucoup de femmes et très peu d'hommes,
Futurs adhérents au forum.

Dans une grande salle, un beau rituel,
Pendant une heure les yeux fermés.
Une connexion au spirituel,
Un feu quotidien ranimé.

L'élève développe sa force mentale,
Je vous l'avoue rien de brutal.
Tenir au maximum la posture,
Même si parfois, ça frôle la torture !

Ressentir la relaxation,
Mirifique ouverture de portes.
Comme un trésor de sensations,
La voix sucrée de Anne transporte.

Une méditation sur coussin,
Clôture ce message abyssin.
Une montée de tous les chakras,
Vive le Kundalini yoga !

Jack

L'Amérique

J'entends chanter l'Amérique,
Au refrain dithyrambique.
Bill, un cow-boy nostalgique,
Gratte sa guitare acoustique.
Rêver d'un pays nouveau.
L'Europe remplit les bateaux ;
Une dure traversée sur l'eau,
En évitant tous fléaux,
Sinon, retour case départ.
L'Atlantique veille et sépare.
Les chanceux restent, se bagarrent,
Entre clans règnent les soudards.
Un jour, il faut fuir la ville.
L'Aventure brise la coquille,
Partir loin vers Jacksonville,
Embarquant femme, fils et fille.
L'espoir se nomme conquête
Chariot et cheval en tête,
Le fusil effraye les bêtes,
L'Amérique rêvée est prête.

Jack

Écureuil & pigeon

Houlà, au secours, la date fatidique avance,
Pendant ce temps, **le pigeon** attend et roucoule.
La prof piaffe, c'est le cas de le dire, d'impatience.
Prétexter faire l'autruche, j'en ai la chair de poule.

Fatalement, je suis un peu rongeur euh... songeur.
Et l'autre animal attend aussi sur la branche,
Il est roux, il saute, un véritable voltigeur.
Pour suivre **l'écureuil**, j'ai du pain sur la planche.

Entre ces deux zigotos, je dois fabuler,
Imaginer une rencontre secrète, leur histoire.
Et ces modestes animaux vont déambuler,
Selon un dialogue humain et un territoire.

P : « Mes ailes sont grises cendrées barrées de deux
bandes noires »
E : « Ma fierté est un pelage roux, queue en panache »
P : « Mon repas frugal varie selon les mangeoires »
E : « Des noix, des noisettes, je thésaurise dans une
cache »
P : « Stupide, tu n'hibernes pas, tu es bête en somme !
Carpe diem Pourquoi inventer le futur ? »
E : « Ciel, dès que tu utilises le langage des hommes,
Tu nourris des jugements et renie ta nature. »
P : « Sache que je vole au-dessus de ton habitat,
En position verticale, je suis bien élevé ! »

E :   « C'est ça ton idéal ? Une persona grata ?
        Le message dont tu es porteur, ne fait pas rêver. »
P :   « Palombe d'un doute, proche des hommes, je leur
        rends service,
        Domestiqué, je reviens d'instinct au bercail. »
E :   « Animal niais, crédule, tel est ton sacrifice,
        Dans une assiette, un mets cuit comme une simple
        volaille. »
P :   « Oh, je ne te permets pas, tu critiques un symbole,
        La blanche colombe de la paix, le St Esprit. »
E :   « Je me lâche, mais tu voles aux humains leurs
        paroles,
        Ils te plumeront et ta cage sera leur mépris. »

L'imagination humaine n'a pas de limites,
Là où aucun tourment ne règne chez l'animal.
Les anciens s'identifient à construire des mythes,
Afin de maintenir de bonnes pratiques sociales.

Point besoin de dieux chez nos amis animaux,
Pas de loi du talion et pas de roi non plus.
Pas de recherche d'égalité, de gens normaux,
Et surtout pas d'animosité superflue.

La Vie danse sur un ballet de casse-noisette,
Où une aile de pigeon exprime la légèreté.
Ce spectacle affiche toutes ces fabuleuses pirouettes.
Seule, notre Nature réside dans la vacuité.

Jack

L'éphémère

L'éphémère, le fantôme du temps qui passe,
Devient semblable au sacre du temps perdu,
Saisir l'insaisissable comme une impasse,
D'une courte rencontre, d'un envol suspendu.

J'aime me perdre dans les dédales du temps,
Visiter les jardins de mon enfance,
Rebattre le pavé à Ménilmontant,
En culotte courte et en toute innocence.

Je m'égare, en ce quartier épatant.
Sous une fenêtre, j'écoute la TSF,
Au piano, Aznavour chante: *Et pourtant...*
Et la môme piaffe son destin en relief.

Au bar, Robert échauffe son palpitant,
Derrière, roulent les barriques vins et liqueurs.
Sur le zinc, se choquent des verres insistants,
Gaston drague Monique, fait le joli cœur.

Il est pathétique, comme un débutant,
Maintenant, ses doigts glissent dans le corsage,
Elle le laisse faire, mais prend un air distant,
Une fleur se dérobe, sans apprentissage.

Je dévoile ces soubresauts excitants,
Seul et accoudé à la balustrade,
Gravir ma jeunesse aux marches du printemps,
En ce village en pente, rue des cascades.

Avec mes potes, nous captions l'existant,
Des cadeaux de vie qui s'emballent trop vites,
Des souvenirs volatiles si importants,
Être un témoin, une mémoire qui s'invite.

Aujourd'hui, loin de ces précieux instants,
L'édifice heureux d'un château de sable,
A la marée, ne dure jamais longtemps,
La vie se joue d'une naissance périssable.

J'entends encore, le rythme intermittent,
Des vagues éphémères s'échouant sur la grève.
Un message, un symbole réconfortant :
L'éternité raconte une histoire brève.

Jack

Le courage

Bon sang, où est passée la vertu du courage ?
Serait-elle devenue désuète, un vieil adage ?

Notre Histoire est parsemée des actes de bravoures
Oui, tous mes héros : Tintin et Zorro accourent.

Dans ma jeunesse, ma réalité est tangible,
J'ai entendu : « A cœur vaillant, rien d'impossible. »

Le scout est toujours prêt et part à l'Aventure,
Au fond des bois traquer sa véritable nature.

Le courage s'invite aussi dans les livres d'école
Oser le dire et le Savoir, franchir les cols.

Le faible invente la peur, recule devant l'ennemi,
Tragique, car sa virilité s'est endormie.

Tandis que le fort prend l'énergie des deux mains
Son futur triomphera à l'aube, dès demain

Braver les éléments, opinions et critiques
Et seul, s'exprimer contre la pensée dogmatique.

Les poltrons et les lâches me demandent : « Tu cours où ? »
Le risque que je sache, est d'm'attirer leur courroux.

L'exemple ne vient plus d'en–haut, le roi est tout nu
Le courage, c'est l'acte d'avancer vers l'inconnu.

C'est partir à la recherche de la vérité,
Noblesse oubliée d'un mot, d'une grande qualité

La force de l'âme apporte du cœur à l'ouvrage,
Vaincre les préjugés s'associe au courage !

Jack

Le silence est d'or

La nuit, le silence s'invite,
Un repos bien mérité.
Je baille, oh ! Rien d'insolite,
Mon corps physique est éreinté.

Juste de très rares souvenirs,
Avant le précieux endormissement.
Un doux sommeil pour partir,
Sur les rives du firmament.

Le rêve épouse un autre langage,
Celui parsemé d'idées.
Des secrets de ce bagage,
Aux mots parfois galvaudés.

Peu importe l'éloignement,
La nuit m'exhibe son nectar.
Le sommeil gagne dignement,
Mon esprit, un avatar.

Seul le noir me porte conseil.
A l'aube, le précieux sésame,
À la sonnerie du réveil,
M'interpelle et me réclame.

Jack

Le temps qui passe

Ce bruit de soupirs d'inquiétudes,
Issu de nos tristes habitudes,
Devient l'inutile obsession.
Ce temps est figé pour l'action.
Que gagnons-nous en ce retour ?
Sinon un son cruel et sourd :
Oublier de vivre le présent !

Découvrir un soleil rasant,
Sur son horizon infini,
Telle est notre précieuse envie.
Assis, méditer, yeux fermés,
Au 3ème œil, mental calmé.
Exit, les images rassurantes,
Et les émotions dévorantes.
Rien, le vide, plus une seule pensée,
Qui efface rudement le passé.
Je ressens une grande vacuité,
Mon âme flotte en grande légèreté !

Jack

Libres amants

Cet homme au bord de la rivière,
Pauvre, est revêtu de haillons,
Cependant son allure est fière.
Que dis-je, éclatante de rayons !

Une femme superbe le rejoint, nue,
L'invite à plonger dans l'eau bleue.
Quel secret pour tomber des nues,
Étonnés des mots, lorsqu'il pleut ?

Maintenant leurs corps s'apprivoisent comme
Surpris de ne faire qu'Un en somme.
Blottis ensemble contre le froid.

Les senteurs pénètrent leurs narines
Ils s'offrent poitrine contre poitrine,
Là, les amants ont tous les droits.

Jack

Lourdes

C'est à la grotte de Lourdes,
Que j'ai rempli des gourdes.
Les gens sont tristes, et le pire,
C'est qu'ils y vont pour « gai-rire ».
Pour moi, le calvaire se gagne,
Tout en haut de la montagne.
Ah, croyez-moi: 20 kilos,
C'est trop dans un sac à dos.
Se Soumettre à des efforts,
C'est l'apprentissage du corps,
La patience et la durée.
Bref, l'école des Pyrénées !
Le spectacle, le paradis,
C'est le cirque de Gavarnie.
J'ai jonglé, mais quelle beauté.
Puissante verticalité,
Le soir, je vis dans la tente (l'attente),
J'évite le terrain en pente.
Une bonne semaine en été.
Le plaisir d'une randonnée.

Jack

Mamie de St Malo
(1976)

Il y a longtemps que je voulais t'écrire,
Parce que j'ai une dette de reconnaissance,
Envers Toi, je veux te remercier, te dire,
Combien l'Amour est la plus riche des croyances.
La religion n'est plus qu'une situation,
Où Dieu, omniprésent, se transpose en Homme.
Je crois en la force de la méditation,
Par la prière non quantitative, comme,
Lors d'une rencontre où s'exprime la joie,
Par la prière qualitative qui, elle,
Se déroule en états au nombre de trois.
(Ceci est un jugement personnel)
Le premier : la soumission, le recueillement.
Le second : la sensibilité, la perception.
Enfin, le dernier c'est l'échange, l'agrément.
De la relation, le bonheur de la vision.
Aujourd'hui c'est difficile de concevoir,
Dieu créateur. La logique scientifique,
Et philosophique s'y opposent. Croire !
C'est défier Nietzsche, Sartre et les Kantiques !
Laissons ces messieurs discourir, argumenter,
La preuve ontologique, je n'y crois pas.
Disons que je suis réceptif et veux sonder,
La destinée astrologique ou Judas.

Je vous parlerai maintenant d'une richesse,
D'un soleil la nuit en un mot : Vive La Vie.
Une bande d'amis, libres et sans complexe,
C'est cela le groupe dont je fais partie.
Au début quelques réunions avec des thèmes,
Sans oublier de fréquentes soirées distractives.
Maintenant, on se marie, on va au baptême.
On s'écrit souvent de longes lettres captives,
Qui sont le lieu d'innombrables interrogations.
C'est une petite société, reflet de la grande,
Avec tous ses problèmes inhérents. L'action,
Est heureusement là, on se scinde : Guérande,
St Nazaire et La Baule : un triptyque,
Inséparable, tout de même, dont le cœur,
Bat en nous au rythme violent d'une musique,
Où nous sommes tous dégagés de la peur...

Jack

Mare nostrum

Je pensais vous deviser sur mes animaux,
Mes abeilles, par exemple, vivant autour de moi ;
Toutes disparues, comme une envolée de moineaux !
Merci les frelons asiatiques... enfin... chinois.

Mon odyssée se limitera au bord de l'eau,
Étant observateur ce sera une simple mare.
Désolé, je ne vous emmène pas en bateau,
Seulement entre les galets et les nénuphars.

Il vient ensuite, consigné sur un écriteau :
Pêche interdite ! Le pêcheur en est averti,
Mais le héron ne sait pas lire ces quelques mots,
Et plonge son long bec pour nourrir ses petits.

En quelques strophes, vous imaginez le tableau.
Une catastrophe, naturelle pour mes poissons rouges.
Que bafouiller sur les dommages collatéraux ?
Des survivants hébétés, muets, et rien ne bouge !

De plus, mes poissons sont pris dans un autre étau.
Si par instinct, vous donnez votre langue au chat,
Lui, le félin pose sa griffe, tel un râteau.
Le meurtre assouvi, il se prélasse comme pacha.

Mes pauvres poissons rouges tournent en rond dans un anneau,
Avec trois prédateurs, Troie comme la ville d'Ulysse.
Ils nagent sans but, leur épopée est leur cadeau ;
Un voyage dans l'envers du décor, en coulisses.

De quoi rêvent-ils ? Être servi sur un plateau ?
Du royaume des hommes attirés par des sirènes ?
Descendre ou monter sur scène sous le pont Mirabeau ?
Plonger dans l'inconnu des abysses d'une arène ?

Je les guette ce matin au lever de rideau,
Ils me parlent avec leurs lèvres, du monde du silence.
Je déguste la Nature fragile, l'œuvre de Rousseau.
Quelle sagesse au fond livrent-ils, en cette séquence ?

L'Homme navigue à vue, myope sans doute, sur son radeau.
Il brûle de conquérir en larguant les amarres,
Dans la quête d'une métamorphose, loin du berceau.
Homère Méditerranée, quel est ton cauchemar ?

L'humain implore ses dieux et rassemble son troupeau.
Qu'est-ce qui ne tourne pas rond sur le cadran de nos heures ?
Heureux celui qui vit comme un poisson dans l'eau
Il nous initie à nager dans le bonheur.

Jack

Né quelque part

Si un être s'incarne, sur notre beau continent,
Ses cellules vibrent au diapason de ses parents.
La chair de notre chair depuis le commencement,
Perdure entre générations, éternellement.

A l'origine, une rencontre de deux énergies,
Un spermatozoïde attiré par un ovule,
S'exprime, emplit de vertige et de nostalgie.
L'œuf est fécondé, ça tourbillonne, ça bascule !

L'aventure commence pour cet embryon humain,
Neuf mois d'attente en ce refuge féminin.
Quitter l'espace, changer d'état, c'est notre destin.
Naître à nouveau, respirer soudain l'air marin.

Le petit de l'homme découvre enfin cette terre,
Il déambule, aspire à se réaliser.
Un jour, il ou elle, s'embarquera sur l'île Cythère.
Encore un beau voyage pour se dépayser.

Il ose, chante sous sa fenêtre comme un troubadour,
Elle l'invite à monter chez elle, lui faire la cour.
Un parfum sensuel enivre allers et retours
Ils quittent le connu pendant une nuit d'amour.

Revivre le matin sous un soleil éclatant,
Étudier et travailler pour sans cesse apprendre.
S'engager tous les deux jusqu'à la fin des temps,
Et partager leurs potentiels, sans rien attendre.

Les belles années passent comme les cycles des saisons,
Et vient un jour un grand sommeil après floraison.
Notre esprit quittera le corps, une sorte de prison.
Le grand mystère de la vie détient ses raisons.

Un tunnel lumineux, un fleuve à traverser.
Passer sur l'autre rive pour un nouveau départ,
Où notre mémoire sera peu à peu éclipsée.
Changer de plan, renaître à nouveau, quelque part...

Jack

Noël

D'après le calendrier de l'Avent,
Voici venu le temps du Père Fouettard,
Celui qui vient aux approches de l'Hiver,
Pour frapper ceux qui ont un pet de travers.
Sur les enfants bêtes, il est en pétard.
Pour les enfants sages, pas un pet de vent.

Heureusement, il a un compagnon sympa,
Le 6 décembre, c'est la St Nicolas.
Juché sur son âne, il traverse le Rhin,
Passe Dondaine avec ses sabots lorrains.
L'évêque distribue orange, chocolat
Pain d'épices : d'où le mot épiscopat !

Comme si le monde se divisait en deux,
Dualité entre gentils et méchants.
Tout ceci repose sur une farce grotesque,
Noël devient une comédie burlesque.
Le confiseur incarne le bon marchand,
Trêve de plaisanterie d'un négoce hideux.

Remontons l'Histoire, l'estime de cette fête.
Naguère les romains fêtaient les Saturnales
Aux alentours de notre solstice d'hiver.
Le culte solaire de Mithra persévère.
Le 25 décembre gravé dans les annales,
Sera la naissance du Juif de Nazareth.

Les églises s'imposent sur les lieux païens.
Les trois religions s'adossent au Pouvoir,
Et se querellent sur les champs de batailles.
Soi-disant, Jésus est né sur la paille,
Sur place, le juif ne veut pas le savoir,
Et Mohammed persécute les chrétiens.

Il faudrait un miracle pour s'en sortir !
Déçu par les anges, déchu par le diable,
Je vous en prie : Croyez au père Noël !
Il détient les rênes et toutes les ficelles,
Un rituel pacifique indispensable.
Le gros boit du Coca pour pervertir !

Mais Noël est cette fête qui éclabousse,
Les regards attendrissants des enfants.
Un sapin vert comme une flèche vers les cieux.
La famille déguste des plats délicieux.
Sans embûche, vivre est un jeu triomphant.
Je vous souhaite un joyeux Noël à tous !

Jack

Les noisettes comme projectiles

« Jeune » rime avec mélancolie
Expériences et lalaïtous
Et parfois un brin de folie.
Des scouts vifs toujours prêts à tout,
Installent joyeusement leur bivouac.
Ce sera là-bas, sur une île,
Dans la forêt de Lesnerac.
Loin des parents, du domicile.
Ici nos tentes vont se dresser.
Un drapeau y est même planté.
Les scouts *Rangers* se sont pressés,
Une heure avant l'obscurité.
Un peu de bois sec et du papier,
C'est la magie d'un feu de camp.
Une flamme légère réchauffe nos pieds.
Un chant scout des plus convaincants.
Mais qu'ouïs-je, des glands sifflent dans les airs ?
Qui ose la nuit, chercher des noises ?
Ma peur insolente crie misère.
C'est sûr, les scouts d'Europe nous toisent,
Et deviennent d'odieux adversaires.
Mais sommes-nous prêts à en découdre ?
Planqués, ils canardent à couvert.
Ce conflit sent vraiment la poudre.
Les durs projectiles rasent nos têtes,
Nous ripostons avec lance-pierres,
Des jets de glands et de noisettes.
Un souvenir angoissant d'hier.
Jack

Nuances de vert

Inauguration de toutes les nuances de **vert**,
Telle est la nouvelle **ver**sion de cette semaine.
Le printemps s'ouvre, loin des frimas de l'hi**ver**,
Adieu givre, **ver**glas et toute chaleur humaine.

Dès le mois de mars je deviens nostalgique,
Et la Nature réinvente de vives couleurs.
Elle est venue comme un tourbillon magique,
Le **vert** tapisse sa robe bariolée de fleurs.

Issue de ma mémoire, une jeune fille sourit.
Pieds nus et cheveux au vent, une muse s'envole.
Vers où m'emmènes-tu ? Serais-je ton favori ?
Vertige d'un papillon d'apparence frivole.

Tu es belle, et tous mes sens sont à l'en**vers.**
La fantaisie s'a**vère** réelle au mois d'Avril.
Mes pensées fleurissent de tes yeux revol**ver**,
« Il faut accrocher la joie aux jours qui filent »

Je t'ai décou**vert** le regard étonné.
Le **ver**sant de ton éclat brille désormais.
Le son déserte ma bouche qui t'est destinée.
Je ne suis plus moi, en ce mois de mai.

Le ciel s'est recou**vert** d'une odeur de poudre,
Un éclair illumine nos yeux grands ou**verts.**
Mon amour, ma flamme, serait-ce le coup de foudre ?
En cet écrin j'écris pour Toi, ces simples **vers.**
Jack

75

Une plume légère,

Le thème m'inspire moyennement selon les critères,
« *Dis-moi dix mots* » et je te dirais où tu erres.
Mon cher Watson tout ceci est élémentaire,
I'am sorry, mais nulle question de faire marche arrière !

Je me rappelle qu'un des quatre éléments est l'air.
Une quête en avion, simple souffle dans l'atmosphère.
Quel garçon n'a pas construit une maquette Heller ?
Un beau Spitfire en plastique de la dernière guerre ?

Loin, à vive allure, je t'invite à Buenos Aires,
Survoler le monde invisible et les frontières.
Toutes les femmes là-bas désirent être hôtesse de l'air.
Aux fenêtres, leur linge sèche éolien et solaire.

Une carte postale « Tango » dotée d'un phylactère,
Buller à San Telmo avec mes congénères !
Me voilà enfin gonflé comme une chambre à air,
Mais, suis allongé, perdu jusque dans ma chair.

S'il me prend l'envie loufoque de quitter la terre,
Je réfléchis aux quatre tonnes d'éléphant de mer !
Même le Béluga Airbus décolle vers l'éther.
Sous ses deux ailes, un ange passe, un rêve éphémère.

Un goéland brise le conformisme délétère,
Jonathan recherche au-delà du courant d'air.
Connaître la vitesse absolue en solitaire,
Déployer ses ailes et sa fierté légendaire.

Se sentir différent des autres et de ses pairs.
Se baigner dans l'essence du Ciel interstellaire,
Porté par le mot liberté, près du St Père.
Dans les Alpes, le vent chaud de foehn souffle en hiver.

Décollage immédiat, embarquement pour Cythère.
L'amour est au rendez-vous dans les hautes sphères.
Au-delà des yeux, une belle rencontre, un mystère,
Qui m'insuffle une émotion dans mon cœur ouvert.

Suspendu à ton parfum vaporeux, sincère,
Cette fragrance naturelle m'enivre tel un éclair.
Un éveil vers la beauté et vers la lumière,
En ce doux espace, partons ensemble en croisière.

Jack

Un train non quotidien

Une douce invitation au voyage,
Une partie de l'Histoire de l'humain.
Un vrai train aux nombreux aiguillages.
Dans la lune, une rêverie de gamin.

Une place rouge aux différents contrastes :
Un tombeau de pierre aux lignes cruelles,
Où repose Lénine iconoclaste,
Et St Basile aux courbes immortelles.

Le Kremlin serti d'imposantes murailles,
Gardant intact des vestiges tsaristes.
L'opium du peuple orthodoxe déraille,
Et dérange le Pouvoir rouge marxiste.

Moscou, la pendule indique minuit.
Beaucoup d'agitations dans cette gare.
Le transsibérien part, c'est inouï,
Je referme les rideaux de brocart.

Le train légendaire gagne en vitesse,
Je suis seul dans le compartiment.
Cette nuit filtre un peu de tendresse,
Éclaire ma lanterne, mon égarement ?

Mes songes m'emportent auprès de Lara,
Celle du film du docteur Jivago.
Je sombre avec Morphée dans ses bras,
Et la musique du film à gogo.

Un tracé de 9000 kilomètres
A travers les plaines de la Russie.
Un regard jeté par la fenêtre,
Un village isolé en sursis.

Paysans derniers maillons de la chaîne,
Loin des feux de la Révolution,
Subissent la tyrannie et la haine,
Je visite Tolstoï en immersion.

Tous les régimes obscurcissent le ciel.
Parlez-en au cher Dostoïevski !
Et Soljenitsyne, son archipel !
Sur terre, Staline est un monstre acquis.

Le convoi saute des fleuves aux long cours,
Traverse lentement la chaîne de l'Oural,
S'arrête enfin à Ekaterinbourg,
Lieu du meurtre de la famille royale.

Les malheurs du petit Nicolas,
Ne peuvent effacer ceux des Moujiks,
Qui ont vécu l'enfer de Zola.
Merci aux dirigeants soviétiques…

De mémoire, à cheval débridé,
Les mongols déferlaient ici-bas,
Pillés, incendiés et poignardés,
Les pauvres slaves passaient de vie à trépas.

Le livre Michel Strogoff de Jules Verne,
Relate cette invasion des Tartares.
Superbe roman d'aventure moderne,
Pour un courageux courrier du tsar.

Gare d'Irkoutsk sur le lac Baïkal,
L'eau fraîche jaillit pour me frictionner.
Sur l'île, le chaman est amical.
Je débourse 300 roubles pour dîner.

Les regards s'apprivoisent sous le soleil.
Une soubrette aux yeux bleus, nattes blondes,
Un bonheur trop fugace s'émerveille,
A l'autre bout d'une mappemonde.

Je suis loin des grosses matriochkas,
Issues de la campagne généreuse.
Une belle poupée russe m'emboîte le pas,
Le profil d'une agence sulfureuse.

La gare de Vladivostok enfin,
Le terminus de cette odyssée.
Mon initiation touche à sa fin,
Une expérience virtuelle insensée.

Jack

Poème XXXX

Beauté d'un ciel écrasé de nuages,
Miroir d'un rayon bercé par le vent.
La montagne s'élève et célèbre son âge,
Où l'humanité secrète s'y entend.

Grain de sable sur plage déserte,
Halo d'une vague sur fond bleuté.
Varechs entassés sur une charrette,
Empreinte d'alcool par manque de volonté.

Finesse du détail sur un soleil couchant,
L'oiseau du Ciel magnifie son ramage.
Torrents ouverts sur un sentier trébuchant,
En ce lieu magique, je rends hommage.

Vert sublime empreinte de racines,
Jusqu'au roc profilé par le temps.
Papillons voletants, fresque anodine,
L'âme quitte ce corps pour longtemps.

Jack

Prélude à la mer.

Montre-moi le rivage,
Dévoile-moi ton visage.
La houle heurte les traits,
Une mouette vole vers le large,
Libre comme le vent.
Dans le port les mâts pointent vers le ciel,
Je m'assoupis, las.
Une fille croise mon chemin,
Des yeux sans pareil.
Elle me tend sa main,
Je ne la repousse pas,
Son mouchoir macule le sol.
Le soleil se referme.
Au large un bateau s'éloigne,
La nature se meut.
Une vache baisse la tête.
J'ai une envie de crier.
Un arbre chancelle.
La falaise découvre ses entrailles
Une femme nue se baigne,
Son corps est celui d'une sirène.
Les galets s'émerveillent.

Un homme sur la grève,
Les mains derrière le dos.
Je croyais être seul,
Errant mes cheveux au vent.
Je domine les éléments,
Je quitte le panorama.
Demain sera un autre jour.
Sur la falaise abrupte,
Une vieille attend encore son mari.
Loin, à la pêche il est parti.
Cap Nord qu'il disait !
Il n'y a plus de fleurs,
Le cimetière est dégarni.
La côte franche se découpe.
J'ai mal pour elle.
Le poisson nage entre les algues.
Je rentre, il fait froid.

Jack

Prenez-en de la graine !

Un exercice collectif dans le potager,
Une dure compétition entre fruits et légumes.
Bien que l'hiver ne comporte plus de danger
Et un printemps qui se perd encore dans la brume.

Alors : Are you ready ? Les radis se sentent prêts.
Les fraises osent dévoiler leur belle robe de princesse
Au potager, les tomates testent leur intérêt.
Au verger d'en face, les pommes célèbrent chaque espèce.

Les oranges prisonnières sont immatriculées,
Sûrement, la plupart des légumes ont la patate.
Pas un zeste des citrons, au goût acidulé.
Les champignons à la grecque sortent de leur boîte.

En plein soleil, derrière le mur, les mûres murmurent.
Avec mon ouïe et mes oreilles en feuille de chou,
Je compte juste pour des prunes, en pleine déconfiture.
Ce ne sont pas mes oignons mais, gare si j'échoue...

Elle, une grande asperge féminine a poireauté,
Lui, haut comme trois pommes, enfin lui a souri.
Fruits et légumes en une belle complicité,
Embrassent un mariage parfait, aspergé de riz

Depuis le début je vous raconte des salades.
L'histoire se clôt, les haricots annoncent la fin.
5 fruits légumes par jour s'achèvent en marmelade.
Pas d'cerises sur le gâteau, on reste sur sa faim...
Jack

Le printemps

Les beaux jours arrivent, vive le printemps,
Les filles exhibent leur robe de couleur.
Elles tournent sur une valse à quatre-temps.
Sur terre, les graines des légumes affleurent.

Les tulipes agrémentent le jardin.
Les filles ont une fleur dans leurs cheveux.
Les anémones se parfument en Cardin.
Les damoiselles expriment des vœux.

Alors toutes les tomates rougissent
Et les joues des filles timides aussi.
Les lilas éclaboussent et fleurissent.
Les doux phéromones se signent : Sissi.

Radio Londres : Les carottes sont cuites,
J'aime les épinards et les œufs durs…
Une époque poétique inédite,
Une onde française contre la dictature.

Les œillets roses écoutent aux portes,
J'ai une exquise pensée envers elle.
Conduire la métaphore d'une carotte ;
Comment résister, elle est si belle !

Je reste béat devant Béatrice,
Une résistante de la première heure.
Une lettre dont elle est l'ambassadrice
L'espérance d'un futur nous effleure.

Elle rit de bon cœur, se fend la poire.
L'amour fou comme le bonheur essaime.
Ensemble, on aimerait bien y croire.
On récolte toujours ce que l'on sème.

Jack

Une prison

Le ciel m'invite à partir loin,
Une belle ouverture sur le monde.
Monde rêvassé, je te rejoins,
Pour glisser vaporeux sur l'onde.
Quitter enfin, chaises et barreaux,
Et mes compagnons d'infortune.
Tous ces moutons et ces bourreaux,
Chercher du travail, de la thune.
Librement, je repars à zéro.
Oui, toute ma vie sera rangée.
Franchement, je vous le dis tout haut :
« Je ne demande qu'à changer. »
Demain, je franchis la colline,
Je revois mes pauvres parents,
Et surtout ma fiancée Ombeline.
Sa beauté est mon carburant.
Seul, je franchis un pont-levis,
Je suis à Toi, ma señora.
Sourire ouvertement à la vie,
Abandonner ce nid à rats.

Jack

Réveil nocturne

Au clair d'un croissant de lune,
Je dormais en pointillés.
Ce n'était pas pour des prunes,
L'enfant était réveillé.

Dans la chambre où rien ne brille,
Je glisse sur le beau parquet.
À cause du jouet de ma fille,
Popo est son sobriquet.

Pauline pleure à grosses larmes,
Jusqu'à ce que je rallume.
Il est minuit, quel vacarme !
Vite son doudou en plumes !

Je descends à la cuisine,
Lui préparer du lait.
Avec un peu de farine,
Dans les plus brefs délais.

Le feu sous le biberon,
Le temps d'une accalmie.
Compte 5 minutes environ.
... Et zut, elle s'est endormie.

Jack

Un poème Bohème

V'là ti pas qu'Sophia nous affranchie,
Que nous deviendrons maître de l'argot,
En une soirée de pure anarchie,
Sur les pas d'Gavroche, le parigot.

Du coin des lèvres, not'Jehan-Rictus,
Poète à Montmartre sort son calbute.
Oui, un slibard pour un drôle de gus,
Un artiste qui phosphore sur les putes.

Ici au bistro la mère maquerelle
Demande aux filles sur la clientèle...
Elles tapinent, bitument au coin d'la rue.

Quelques margoulins sortent le laguiole.
Les gonzesses passent toutes à la casserole.
Elles n'prennent pas leur pied, sauf le pied d'grue.

Jack

Semper fidelis

Tôt ce matin, mon grand-père est parti,
Sur sa tête, une casquette de capitaine.
La mer exprime un léger clapotis,
Cale de Dinan, rouillent les maillons des chaînes.

Son pas tranquille résonne sur les pavés,
Au bout du môle les retraités s'animent.
Le rituel du bonjour est conservé,
Ces messieurs de St Malo se taquinent.

Chaque pêcheur a deux gaules généralement,
Leur seul politique est de prendre le large.
Là où le poisson abonde normalement,
Nulles femmes à l'horizon pour leur décharge.

Entre eux, ni compétition, ni éclats.
Le phare blanc expose sa lanterne rouge.
Les paniers d'osier tressés restent plats.
Le vent grossit, mais ici rien ne bouge.

St Malo se ceinture de remparts,
Pour moi, son histoire abrite des trésors.
L'humour de grand père est un bon départ,
Derrière ses jeux de mots, du réconfort.

Moustache bien taillée et cheveux en brosse,
Il joint gaiment, de son œil malicieux,
Ses potes, les joueurs d'échecs intra-muros.
Le rire s'attrape et devient contagieux.

Quic en Groigne s'impose comme la tour maîtresse,
Sur l'échiquier : la reine Anne de Bretagne,
Défie les corsaires malouins, leur rudesse.
Quoiqu'ils découvrent comme pays de cocagne...

Le petit Jacques fond au musée de cire.
Non loin de Surcouf, il scrute l'horizon.
De la dunette, il distingue un navire,
Un galion ennemi à forte cargaison.

La douce mélancolie de mes souvenirs,
Fidèles comme les pieux ensablés des brise-lames.
Burinés par le temps me font vieillir.
La Grand'porte abrite la statue de Notre Dame.

Ma grand-mère regrette Combourg, ses racines,
Et dans son appartement silencieux,
La grille des mots croisés devient routine,
Marie dévore des livres et c'est tant mieux.

A l'embarcadère de la côte d'Émeraude,
Le choix se pose : La vedette verte ou blanche ?
De vieilles embarcations en fer, pataudes,
Et grondant de fumée noire, se déhanchent.

L'aventure commence au bout du chemin,
Où les goélands ont élu domicile.
Posé sur le rocher du phare du Jardin,
Un Paradis à l'accès difficile.

La fameuse île de Cézembre, mille sabords,
Où sont échoués les secrets des navires.
Mon père, dieu de la gaule, fils de Victor,
Défie les éléments, tout un Empire.

Pour tout oublier, larguer les amarres,
Partir à la pêche, se signe Liberté.
Quitter Paris, attraper de beaux bars.
Perdre des plombs plutôt que de les péter…

Jack

St Malo ma jeunesse

Mamie est associable à St Malo,
Cité de vacances, pleine de souvenirs,
Où les remparts battus par les flots,
Retiennent l'écume qui vient y mourir.
De la grande porte à celle de St Thomas,
Une délicieuse promenade sans cesse différente,
Où l'on domine même le plus haut des mâts,
Qui, dans le bassin oscille dans l'attente.
Le doux claquement des drisses s'offre en concert,
Harmonieuse couleur et belle intensité,
Présage d'un changement d'état de la mer.
Le capitaine possède la propriété,
De traduire le langage de la nature.
Porte St Vincent : embarquement pour Dinard !
Les voiliers lèvent l'ancre vers l'Aventure,
Comme jadis, les nombreux corsaires : Jean Bart,
Surcouf : Héros exemplaires de leur temps.
Des galions battant pavillon malouin,
Ramènent un convoi de grain, sous le vent.
Écoutez ! Trois salves, c'est Dugay Trouin.
Au cafés, les marins ivres de succès,
Font ripailles et sombrent dans les alcools forts.
Au gré de mon imaginaire, je sais,
L'Histoire malouine se revit avec ton accord.

Une randonnée à travers le passé,
Une marée montante, un château de sable,
Défie provisoirement, mais va s'effacer.
Le vieux môle sera trempé, c'est probable.
Sur la plage de Bonsecours tourne un manège,
Suspendu par un fil s'agite l'ourson,
Idole des jeunes qui anime le cortège.
Un cirque de véhicules, canassons,
Assis sur des animaux, même des poules.
La jeunesse vit chaque jour de beaux dimanches.
Claire dans sa poussette n'était qu'une petite boule,
Soizick a toujours eu horreur des robes blanches.
Le grand Bey se laisse doucement entouré,
Déjà le ressac gagne sur la plage.
Nous roulons les serviettes pour s'agglutiner,
Plus haut, ce qui est beaucoup plus sage.
La nature reprend toujours ses droits.
Nos tongs ensablées gravissent lentement,
L'escalier direction place du poids du Roy.
Un repas nous attend à l'appartement.

Jack

Un dimanche à St Malo

Ma mémoire me susurre quelques fragments.
Des souvenirs d'enfance, de ma jeunesse.
Le dimanche on s'habille autrement
Une journée généreuse, pleine de sagesse.

Rien de commun aux jours de la semaine,
Sensation curieuse, une sorte de rituel.
Comme partir au loin sur une île lointaine
Mais le but, l'objectif sera ponctuel.

Mes vacances s'incarnent à St Malo
Face aux remparts, place du poids du roi.
Ma grand-mère vit parmi des bibelots
Des souvenirs : tableaux, ivoire et des croix.

Les cloches carillonnent à toute volée
C'est l'avènement rapide d'une journée faste.
De bonnes vibrations vont se faufiler
Entre les remparts, l'étendue est vaste.

Dix heures, la cathédrale sonne la grand'messe,
Dans une sombre ruelle près d'un antiquaire
Nous contournons le bar Borgnefesse.
Une porte latérale s'ouvre vers le mystère.

Je me tiens droit, un missel dans les mains
Les brebis bêlent et attendent le pasteur.
A la communion, l'hostie c'est du pain,
Il est frugal, le repas du Seigneur.

Pourtant sur l'autel le curé est gras
Qui ose encore parler de sacrifice ?
Pédant en latin se dit : ex cathedra
La nourriture de l'âme, du St Office.

Ite missa est, oui, la messe est dite.
Les grandes orgues rugissent dans l'obscurité
Mamie, quittons ce vaisseau de granite !
Nous l'avons amplement bien mérité.

Nous passons de l'ombre à la lumière
Comme le café de la poste faisant foi
Des hommes bien habillés sirotent une bière
On nous fait avaler n'importe quoi.

Un autre rituel, chez le pâtissier
Dans la vitrine, les gâteaux tournent sans fin
Pour le grand Jacques, ce s'ra juste un quartier
A vue de nez, il est midi et j'ai faim.

Le ciel est menaçant, voilà qu'il pleut
Les pavés sont battus, toute l'eau ruisselle.
Nom de nom, quel temps de chien, sauve-qui-peut !
J'ai une faim de loup, je cours dans cette ruelle.

Je suis le « prem » en haut de l'escalier
Ma petite sœur est trempée jusqu'au cou
Nous rions comme des baleines, des écoliers
Par terre, le parapluie sanglote beaucoup.

Une table se dresse plus vite que l'animal
Le ciel reste couvert, on n'a pas de bol.
Les huîtres sont un supplice de Tantale,
L'odeur de sainteté me cloue au sol.

J'ai la patate mais c'n'est pas au menu.
En gros, je ne me fais pas de bile.
Cuisine au séjour, ni vu ni connu
La table roulante est mon meilleur mobile.

Je ne résiste pas à annoncer
Plat de résistance : Poisson ... du haddock
Le capitaine attend sa fricassée,
Tintin prend du riz, Mamie son Médoc.

Les BD étanchent ma soif d'aventure
Les goélettes voguent sur toutes les mers.
Je dévore des yeux cette littérature
Les corsaires malouins repoussent les chimères.

Non je n'raconte des salades à personne
Pardon ? Oui une portion de vache qui rit
Et du beurre salé à la motte bretonne.
Je me fends la poire avant la mutinerie.

Hasard ou fruit de l'imagination
En un éclair, le gâteau disparaît.
À tribord ça cale, c'est l'indigestion
Ces chers trésors à table, sont des gorets...
Jack

Un Ouaf de soulagement,

Comme chaque soir, Filou, de retour à la maison,
Jappe de joie aux pieds de Bérénice, la grand-mère.
Elle écoute précieusement sans aucune trahison,
Sa version authentique d'une sortie éphémère.

Sur un fauteuil avachi cette vieille dame clouée,
La voix chevrotante, végète, se sent inutile...
Pourtant dans l'océan de brocante, une bouée.
Le chien très fidèle, reconnaît en elle, son île.

Elle caresse son porte-bonheur dans le sens du poil.
Lui, témoigne de toutes ses quotidiennes turpitudes.
Robert, son triste maître s'est perdu dans les étoiles,
Depuis l'achat d'un portable, nommé servitude.

Cette femme flaire le temps de chien du pauvre animal.
Fine stratège, elle ose lui mettre la puce à l'oreille.
C'est sûr, son fils Robert lui fait beaucoup de mal,
Le chien Filou souffre atrocement dans sa corbeille.

Son maître oublie ses croquettes, son anniversaire.
Sans aucun mobile, il se perd dans ses pensées.
Où est son Filou, son amour de chien boxer ?
Vraiment Robert et son portable ont tout cassé !

Combien de fois, le téléphone revient sur scène,
Ce faux lien superfétatoire entre humains.
Un objet à jeter promptement dans la benne.
Quand Filou donne la patte, Bérénice offre sa main.
Jack

Un parfum d'amour

L'Amour repose sur trois piliers :
Le premier s'exprime en paroles,
Le second sous-entend les symboles,
Le dernier sera plus familier.

Vénus et beauté se confondent
Se rassemblent en sublime unité.
La nuit s'offre comme une clarté.
Les astres et Toi me répondent.

Je nous invente nombreux enfants,
Nos chérubins courant les prairies,
Heureux comme l'air, libres et triomphants !

Paradis aux beautés infinies
S'infiltre de délicieux encens.
L'amour sincère est là, je le sens.

Jack

Une tomate, un mets de choix

Quand une tomate en pleurs verse des larmes de sang,
Ne la secouez pas trop, car mon cœur gémit.
Si le jardinier passe dans les rangs
Attention à vous les copines, les amies !

Un panier du Ciel se pose sur elles,
Comme un oiseau de mauvais augure.
Un signe du destin, sans ses ailes
Car une main captera les plus mûres.

Profitez de ces instants de soleil,
Buvez le nectar de la rosée,
Saoulez-vous sous le fruit de la treille.
Rougissez, comme vous ne l'avez jamais osé !

Sur la table en bois d'une cuisine,
Si vous êtes sur le billot : gros écueil.
Surtout, ne la jouez pas trop fine,
Une assiette immaculée vous accueille.

Jack

Une tomate héroïne

La salle s'est soudainement obscurcie,
Toutes les conversations se sont tues.
Le public debout maintenant s'est assis,
Dans le noir, il attend sa venue !

Oh ! elle fait durer le plaisir,
Comment va-t-elle apparaître ?
Car nul ne peut la saisir.
Une fois, elle portait un sceptre !

Une autre fois posée sur un piquet,
Elle chantait à faire rougir,
Le plus jeune des paltoquets.
Ah ! Ah ! Que de joyeux rires !!!

Le rideau s'ouvre d'un coup.
La voilà, couleur rouge sanguine,
Affublée d'un boa autour du cou,
Voici : Notre belle tomate héroïne.

Jack

**Une vie, un avenir,
Un océan, un menhir,
un très vague souvenir.**

L'océan paradisiaque exprime son oracle,
A ma façon, je le vénère à l'infini.
Chaque instant, il demeure un merveilleux spectacle.
Immense, il étale son doux manteau bleu béni.

De la plage de sable fin, je joue les pieds dans l'eau,
Une vague à l'âme se forme d'un filet de dentelle.
Je grimpe mon enfance heureuse sur ce fier bateau,
Je quitte le port, ma liberté est immortelle.

Nous voguons tous ensemble selon le choix d'une vie,
Une fière traversée mémorable inassouvie,
Où le bleu se confond avec l'horizon du ciel.

Je pars seul sans rancune, sans regret, décidé,
Je rejoins mes aïeux, ceux qui m'ont précédé.
Une toile signée comme un lien en forme d'arc en ciel.

Jack

Venise

Nous voici en l'an 410 de notre ère,
Les Wisigoths occupent Rome, l'empire romain.
Nul ne peut résister aux barbares et l'enfer,
La dantesque comédie du royaume germain.

Les irréductibles habitants de Trévise,
Fuient, dès lors, l'envahisseur invulnérable.
Sur la lagune de roseaux, ils improvisent,
S'installent comme les oiseaux sur un banc de sable.

Des milliers de troncs d'arbres s'enfoncent dans la vase,
De belles maisons sur pilotis sortent de l'eau.
Les Vénitiens réalisent la première phase,
Ensuite de vrais ponts enjamberont les canaux.

Des palais romantiques surgissent du néant.
De l'Arsenal, toutes sortes de bateaux s'illustrent,
Naviguent sur mer à la conquête de l'Orient.
Quelle prospérité pour cette cité lacustre !

L'épopée du commerce incarne un âge d'or,
Une République se dote d'une puissance navale.
La mer Adriatique évoque des trésors.
Rome avec son St Pierre devient la rivale...

A Alexandrie, des marchands vénitiens,
Volent les reliques de St Marc l'évangéliste.
Ce symbole fort, sous la griffe du peintre Titien,
Trône Très-Haut, comme un lion ailé réaliste.

Sur une colonne jaillit ce saint protecteur.
Une basilique exhibe les statues d'angelots.
La cité des Doges exporte des explorateurs,
L'un d'entre eux, se dénomme : Marco Polo.

Le long des quais frémissent quelques gondoles,
Fines embarcations de couleur noire laquée,
Où un batelier chantait la Barcarolle,
Fer de proue d'un rêve au carnaval masqué.

Là-bas, les femmes tombent amoureuses du passé,
Cet écrin féerique, comme une page d'histoire,
Soupire de plaisir à tous les jeunes fiancés.
Le bonheur n'attend pas, il se vit d'espoir.

Jack

Table des matières

© 2025 Jacques LEBRET
Édition : BoD · Books on Demand, 31 avenue Saint-
Rémy, 57600 Forbach, bod@bod.fr
Impression : Libri Plureos GmbH,
Friedensallee 273, 22763 Hamburg (Allemagne)
ISBN : 978-2-3225-6117-9
Dépôt légal : Mars 2025